V 8°
1638
(p.2)

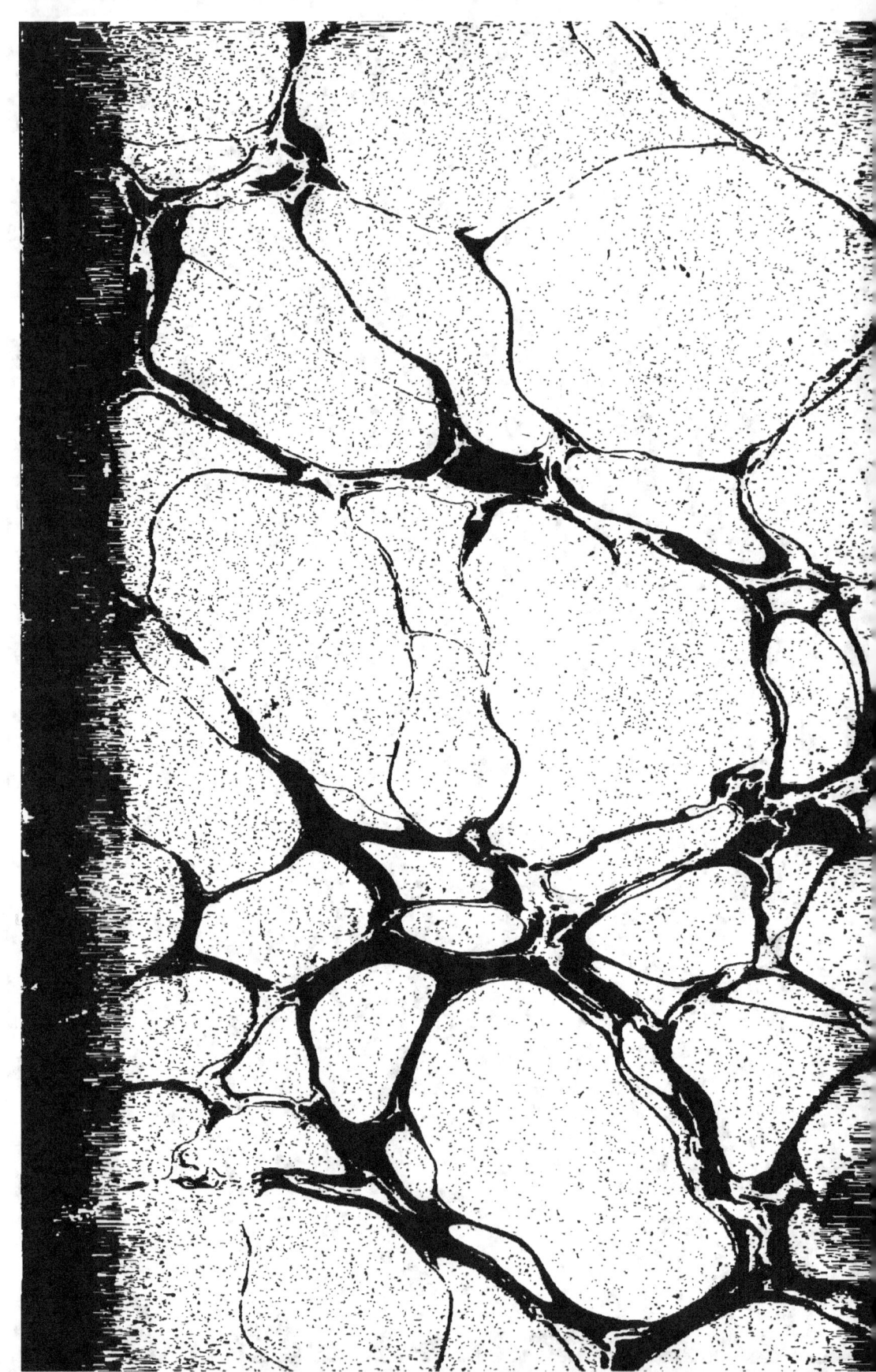

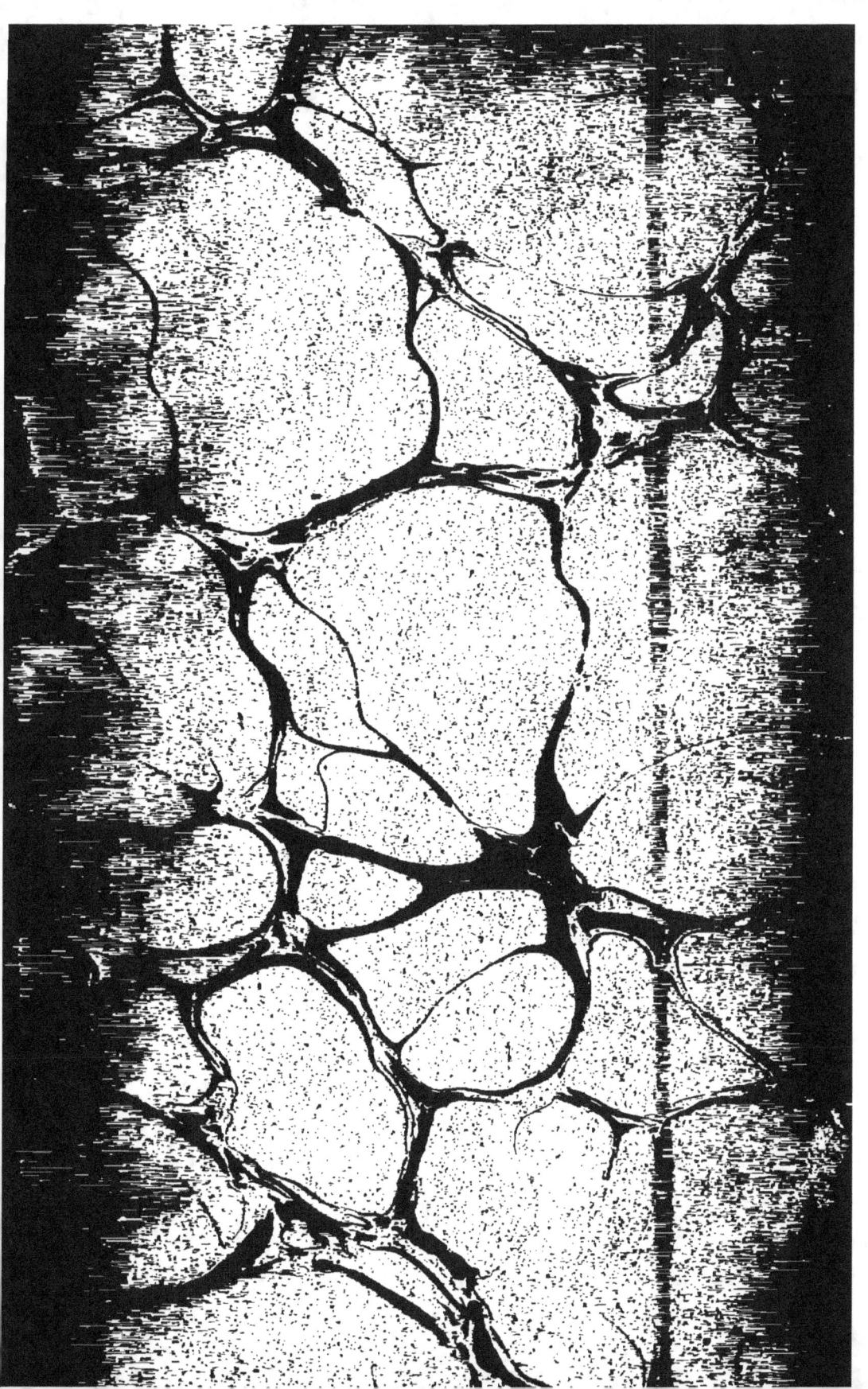

COLLECTION
DES
LIVRETS
DES
ANCIENNES EXPOSITIONS
DEPUIS 1673 JUSQU'EN 1800

SALON DE 1746
XII

PARIS

LIEPMANNSSOHN ET DUFOUR
ÉDITEURS
11, rue des Saints-Pères

—

AOUT 1869

EXPOSITION

DE 1746

—

XII

COLLECTION

DES

LIVRETS

DES

ANCIENNES EXPOSITIONS

DEPUIS 1673 JUSQU'EN 1800

EXPOSITION DE 1746

PARIS

LIEPMANNSSOHN ET DUFOUR

ÉDITEURS

11, rue des Saints-Pères

AOUT 1869

NOMBRE DU TIRAGE

DU LIVRET DE 1746.

375 exemplaires sur papier vergé.
  25   —   sur papier de Hollande.
  10   —   sur chine.

N°

Ce livret est vendu seul 2 fr. 50.

NOTICE BIBLIOGRAPHIQUE.

Livret :

Nous en connaissons deux éditions. La 1ᵉ a 27 pages, finit au n° 142 qui est la reproduction textuelle du dernier article additionnel du livret de 1745 et a 2 p. d'arrêt et de privilége. La 2ᵉ édition, que nous reproduisons, a 29 et 2 p. et 150 nᵒˢ. Ces éditions sont aussi communes l'une que l'autre.

Nous ne nous arrêterons pas aux différences insignifiantes qui substituent un mot à un autre mot analogue. La 2ᵉ édition, que nous suivons d'ailleurs fidèlement, avait omis, peut-être intentionnellement, le n° 33, que nous rétablissons d'après la 1ʳᵉ. Enfin, en tête des ouvrages des graveurs de l'Académie, l'article relatif à M. Duchange, Conseiller, ne se trouve pas rapporté sur la 2ᵉ édition ; nous l'avons intercalé à la place que lui assignait la première.

A ces variantes, nous joindrons quelques observations manuscrites que nous avons recueillies sur les divers exemplaires anciens qui nous ont passé sous les yeux. Une note nous apprend que le personnage désigné au n° 25 par M.*** était M. de Tercières. De même le portrait portant le n° 70 était celui de Mme de Rivière et la collection dont il est question au n° 71 est celle de M. Lenoir. Pour les portraits de Perroneau une note ancienne nous apprend que c'étaient les n°s 148 et 150 qui étaient peints à l'huile et les autres au pastel. Enfin une note de Lafont de Ste-Yenne, dans sa brochure sur le Salon mentionne, parmi les portraits de La Tour : Le portrait de Restout, peintre, fait pour la réception de De la Tour à l'Académie et celui de Pâris de Montmartel.

CRITIQUES :

Le *Mercure de France*, numéro d'octobre, 1746, page 133. — Lettre à M. de la Tour par M. de Bonneval du 21 septembre 1746. Même n° du *Mercure*, page 157.

LA FONT DE SAINT-YENNE. Réflexions sur quelques causes de l'état présent de la peinture en France avec un examen des principaux ouvrages exposés au Louvre le mois d'Août 1746. A La Haye, chez Jean Neaulme. 1747. In-12; 155 p.

Lettre de l'auteur des Réflexions sur la Peinture et de l'Examen des ouvrages exposés au Louvre en 1746. In-12; 28 p. et 3 d'errata pour les réflexions.

Lettre des jeunes élèves de peinture à M. L. F. (La Font de Saint-Yenne) sur les Réflexions. In-12 de 7 p. S. l. n. d.

L'auteur des Réflexions n'épargnait pas les artistes; aussi fut-il en butte à des attaques fort vives; on le tourna en ridicule dans plusieurs caricatures (Voy. l'article que M. Th. Arnauldet a consacré à ce critique dans la *Gazette des Beaux-Arts*, T. IV, p. 45).

EXPLICATION
DES PEINTURES,
SCULPTURES,
ET AUTRES OUVRAGES
DE MESSIEURS
DE L'ACADÉMIE ROYALE;

Dont l'Expoſition a été ordonnée, ſuivant l'intention de SA MAJESTÉ, par M. Le Normand de Tournehem, Directeur & Ordonnateur General des Bâtimens, Jardins, Arts & Manufactures de S. M., dans le grand Salon du Louvre. Par les ſoins du Sieur Portail, Garde des Plans & Tableaux du Roy. A commencer le jour de ſaint Loüis 25. d'Aouſt 1746. pour durer un mois.

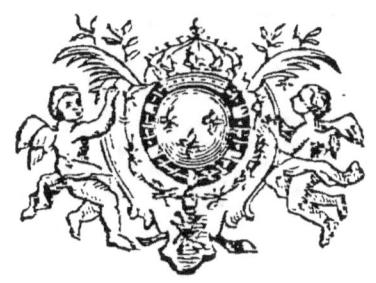

A PARIS, RUE S. JACQUES

De l'Imprimerie de Jacques-François Collombat,
I. Imprimeur du Roy, de la Maiſon de Sa Majeſté, & de l'Académie Royale de Peinture & de Sculpture.

M. DCC. XLVI.
AVEC PRIVILÉGE DU ROY.

AVERTISSEMENT.

Comme l'Expofition fe fait dans un grand Salon quarré, & que l'on a été obligé, pour garder quelque ordre & fymétrie, de placer de côté & d'autre les Ouvrages d'un même Auteur, l'on a eu attention dans cette Defcription, de défigner la hauteur & largeur de tous les Tableaux de grandeur extraordinaire; & à l'égard des autres dont les formes font moyennes & petites, on ne pourra manquer de les recon-

noître, ayant le Livre à la main, & de les trouver par le rapport des Numeros qui ſe trouvent ſur chaque ſujet de Peinture & de Sculpture.

Et comme l'impreſſion de ce petit Ouvrage ne ſe donnoit les années précedentes, qu'après tout l'arrangement des Tableaux, dont les Places étoient indiquées, l'on s'eſt apperçû que le Public s'impatientoit extrémement les premiers jours qu'il attendoit cette Explication. C'eſt pourquoy on a jugé à propos, pour ſa ſatisfaction, d'y énoncer des Numeros qui ſe rapportent exactement à chaque ſujet, leſquels, ſans être de ſuite, ſe pourront trouver aiſément. Par ce moyen on joüira de cette Deſcription preſqu'à l'ouverture du Salon.

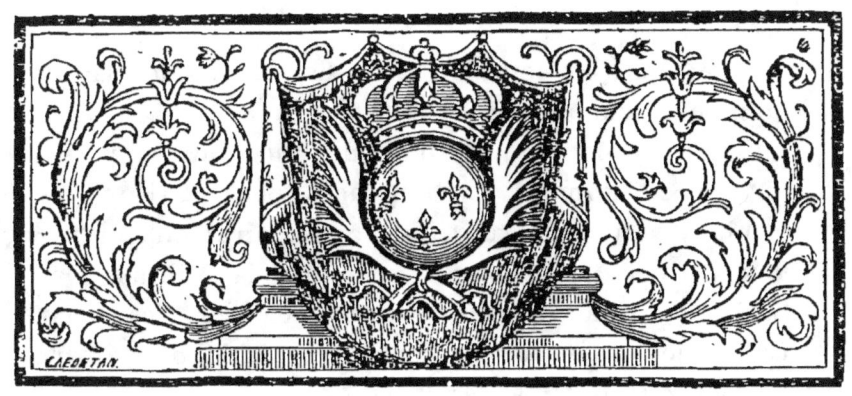

EXPLICATION

Des Peintures, Sculptures, & autres Ouvrages de Messieurs de l'Académie Royale.

RIEN n'est si capable d'exciter l'émulation parmi les Arts, & d'éveiller, pour ainsi dire, les talens, que les Expositions publiques : où la vérité, affranchie des égards dûs à la société civile, dispense avec liberté la loüange & la censure, & fait appréhender aux plus fameux Artistes la severité de ses jugemens. Telle a été aussi l'intention de SA MAJESTÉ, & les vûës du Ministere. Le succès a répondu à un projet si juste & si beau. Chaque Académicien, animé par la gloire, s'est efforcé de soutenir la superiorité presente de l'Ecole Françoise sur toutes celles de l'Europe, & les Etrangers ont paru en faire un aveu flateur, par le plaifir qu'ils ont pris à ces differentes Fêtes.

Celle-ci ne fera point inférieure aux autres; puisqu'indépendamment des Ouvrages pour le Roy, le Public y verra auffi ceux qu'il a fait faire, ou qui lui font deftinez. Ce mêlange qui réünit la Peinture, la Sculpture & la Gravûre, paroîtra aux yeux des vrais Connoiffeurs, comme un Parterre agréable, dirigé par le goût, & cultivé par les Mufes.

OUVRAGES DE MESSIEURS LES OFFICIERS
de l'Académie.

Par M. *Galloche*, Recteur.

Nº 1. Un Tableau en largeur d'environ 5 pieds fur 4, repréfentant Telemaque, qui raconte fes Avantures à Calypfo, accompagnée de fes Nymphes.

Par M. *Coypel*, Recteur, Ecuyer, Premier Peintre de Monfeigneur le Duc d'Orleans.

2. *bis*. Deux Tableaux, de forme ovale, de 9 pieds de hauteur fur 7 de large, repréfentant l'Annonciation, & les Difciples d'Emmaüs, fous le même Nº.

Deux Tableaux faits pour l'Académie Royale de Peinture & de Sculpture.

3. Le premier, repréfente le Sacrifice d'Abraham; c'eft le moment où l'Ange, après avoir arrêté le bras de ce Patriarche, luy annonce les promeffes de Dieu.

4. Le fecond de même grandeur, eft un Portrait.

5. *bis.* Deux Tableaux de mefure égale, où font repréfentez le trifte Heraclite & l'enjoué Democrite; fous le même N°.

6. Un Tableau repréfentant un Amour, qui menace.

7. Un Tableau peint au Paftel, dont le fujet eft la Samaritaine.

Par M. *De Favanne*, Adjoint à Recteur.

4 Sujets de Telemaque.

8. Le premier repréfente la féparation de Telemaque & d'Eucaris.

9. Son Pendant. Les Nymphes excitées par l'Amour, mettent le feu au Vaiffeau, pour empêcher l'évafion de Telemaque.

10. Le troifiéme. Le Songe de Telemaque dans l'Ifle de Cypre.

11. Son Pendant. Venus qui met l'Amour entre les mains de Calypfo.

12. Autre, repréfentant Moyfe trouvé fur les Eaux.

13. Son Pendant. La Prédication de S. Jean.

14. Autre, repréfentant une Bacchanale.

15. Un petit Payfage d'après nature.

16. Autre petit Payfage, auffi d'après nature.

Par M. *Reflout*, Adjoint à Recteur.

17. Un grand Tableau en hauteur, d'environ 8. pieds fur 5. de large, repréfentant S. Charles Borromée.

18. Autre de même grandeur, repréfentant Saint Pierre, pour le College du Pleffis.

19. Autre en largeur de 5. pieds fur 4, repréfentant Alexandre qui coupe le nœud Gordien.

20. Autre, prefque quarré, repréfentant S. Benoift.

Par M. *De Tourniere*, ancien Profeffeur.

21. Le Portrait de M. le Duc de Briffac, Commandeur des Ordres du Roy; en Armure, avec fon Manteau Ducal.

22. Le Portrait de M. de Bernage, Prevôt des Marchands, en Robe rouge.

23. Madame de ***.

24. M. Huet, Echevin.

25. Le Portrait en petit de M.*** dans fon Cabinet.

26. Autre de même grandeur, repréfentant Julie dans le Temple de Vefta.

26. *bis*. Un Tableau repréfentant la famille de M. Lallemant de Betz.

Par M. *Carlo Van-Loo*, Profeffeur.

27. Un grand Tableau de 12 pieds de haut fur 6 de large, repréfentant l'Annonciation.

28. Autre, de même grandeur, repréfentant la Vifitation de la Vierge.

29. Autre de 14 pieds fur environ 6 de large, repréfentant la Préfentation de N. S. au Temple.

30. Autre d'environ 13 pieds fur 9 de large, repréfentant le Vœu de Loüis XIII, pour la prife de la Rochelle.

Par M. *Boucher*, Profeſſeur.

31. Un Tableau de forme chantournée, repréſentant l'Éloquence avec ſes Attributs.

32. Son Pendant de même forme, repréſente l'Aſtronomie. Ces deux Tableaux ſont placez dans le Cabinet des Médailles, à la Bibliotheque du Roy.

33. Autre de forme ovale repréſentant Venus qui ordonne à Vulcain des Armes pour Enée. Tiré de l'Eneïde de Virgile.

Par M. *Natoire*, Profeſſeur.

34. Un Tableau, deſſus de Porte, de forme chantournée, repréſentant le Songe de Telemaque dans le moment que Venus luy apparoît : Cupidon veut le percer de ſon trait; Minerve le garantit de ſon Egide.

35. Son Pendant. Telemaque, dans l'Iſle de Calypſo, entouré des Nymphes, & badinant avec l'Amour ſous la figure d'un Enfant. Ces deux Tableaux pour les Appartemens de Monſeigneur le Dauphin.

36. *bis*. Deux petits Tableaux de Cabinet; l'un repréſente l'union de la Peinture & du Deſſein; l'autre, la Poéſie Lyrique & la Muſique; appartenant à M. de Julienne.

37. Autre de forme ovale, repréſentant la ſainte Vierge.

Par M. *Collin de Vermont*, Profeſſeur.

38. Un Tableau, dont voicy l'explication. Auguſte ayant appris la fin tragique d'Antoine, & la douleur profonde dont Cleopâtre étoit accablée, voulut l'aller

viſiter; elle étoit alors dans ſon Appartement, couchée ſur un lit; ſes habits négligez & en deſordre, marquoient bien le peu de ſoin qu'elle prenoit de ſa vie. Quand elle apperçut Auguſte, elle ſe leva précipitamment & ſe jetta à ſes pieds, cherchant à le toucher de compaſſion, & peut-être à le rendre ſenſible. Ce Prince l'accüeillit très humainement; & l'ayant obligée de ſe remettre ſur ſon lit, il s'entretint long-temps avec elle.

39. Autre, repréſentant Auguſte au milieu des beaux Arts.

Par M. *Jeaurat*, Profeſſeur.

40. Un Tableau de 13 pieds & demi de hauteur ſur 9 pieds & demi de large, repréſentant S. Pierre qui guérit un boiteux à la Porte du Temple.

Par M. *Oudry*, Profeſſeur.

41. Un grand Tableau en largeur d'11 pieds ſur 8 de haut, repréſentant un Loup monſtrueux qui a été forcé proche Verſailles, par les quatre Chiens qui l'environnent; appartenans au Roy, dont les deux à grans poils viennent du Royaume de Naples, & l'un des deux Levriers d'Irlande. Ce Tableau deſtiné pour être placé dans l'Appartement de SA MAJESTÉ, à Choiſy.

42. Autre en largeur de 6 pieds ſur 4 de haut, repréſentant un Loup-Cervier de la Ménagerie, aſſailli par deux boul-Dogues; peint pour le Roy.

Trois Payſages d'après nature, de 4 pieds & demi de large, ſur 3 pieds & demi de haut; appartenans à l'Auteur.

43. Le premier, peint à Arcūeil.

44. Le ſecond, où il y a un Pont, auſſi peint à Arcūeil, dans la Maiſon de M. Douglas.

45. Le troiſiéme, où paroît un Moulin peint à Beauvais.

45. *bis*. Un Vaſe de marbre dans une Niche, appartenant à M. Berger.

Par M. *Adam l'aîné*, Profeſſeur.

46. Quatre Buſtes de Marbre, repréſentans les 4. Elemens, appartenans à l'Auteur; ſous le même N°.

Par M. *Le Moyne fils*, Profeſſeur.

47. Un petit Modéle de la figure de S. Gregoire, qui doit s'executer en marbre, de 7 pieds 3 pouces de proportion; pour une des Chapelles de l'Hôtel Royal des Invalides. Il eſt repréſenté tenant le Livre d'Evangile & béniſſant le Peuple.

48. Un Portrait en terre cuite de M.***

49. Le Portrait d'une Dame.

50. Celuy d'une jeune Fille.

51. L'Eſquiſſe en terre d'un jeune Chaſſeur qui repréſente Narciſſe rencontrant de l'eau.

Par M. *Parrocel*, Profeſſeur.

52. Un grand Tableau en largeur de 17 pieds ſur 11 de haut, repréſentant l'entrée de l'Ambaſſadeur Turc,

par le Pont tournant des Tuilleries, lors de la minorité du Roy en 1721. où les Gardes Suiſſes & Françoiſes bordoient.

53. Autre de même grandeur. Sa ſortie par le même Pont ; bordée en dehors, & du côté du Quay, de la Maiſon du Roy, & du Régiment de Sa Majesté.

54. Pluſieurs Eſquiſſes deſſinées au nombre de 10, repréſentans les Conquêtes du Roy en Flandre ; ces Deſſeins, qui ont été preſentez à S. M. doivent être executez pour la Gallerie de Choiſy ; ſous le même N°.

55. Le Portrait, à Cheval, de Monſeigneur le Duc d'Orleans, dont la tête eſt de M. *Coypel*.

56. Une Bataille de Cavalerie.

56. *bis*. Deux petits Camps des Gardes Suiſſes & Françoiſes ; ſous le même N°.

Par M. *Bouchardon*, Profeſſeur.

57. Un Modéle dont voicy l'explication : L'Amour ſe faiſant un Arc de la maſſuë d'Hercule, avec les Armes de Mars ; fier de ſa puiſſance, & s'applaudiſſant d'avoir déſarmé deux Divinitez ſi redoutables, le Fils de Venus témoigne, par un ris malin, la ſatisfaction qu'il reſſent de tout le mal qu'il va cauſer.

Il y a quelques années que l'on a vû dans le Salon, un petit modéle en terre de cette Figure, accompagné de la même Deſcription ; mais ce n'étoit qu'un premier travail, qui ne donnoit que la penſée. Le Modéle qu'on expoſe aujourd'huy eſt plus épuré ; tout y eſt arrêté & fait d'après nature ; & c'eſt ſur ce Modéle que la Statuë de grandeur naturelle, s'execute en marbre pour le Roy.

Par M. *Pierre*, Ecuyer, Adjoint à Profeſſeur.

58. Un Tableau en largeur de 12 pieds ſur 9 de haut, repréſentant la punition d'Herode Agrippa. Sujet tiré des Actes des Apôtres, ch. 12. v. 23.

Herode ayant pris jour pour leur parler, parut vêtu d'une Robe Royale, & étant aſſis dans ſon Thrône, il haranguoit devant eux, & le Peuple crioit dans ſes acclamations, C'eſt la voix d'un Dieu & non pas d'un homme. Mais au même inſtant un Ange du Seigneur le frappa, pour ce qu'il n'avoit pas donné gloire à Dieu; & étant mangé de vers, il mourut.

59. Un Tableau de 7 pieds de haut ſur 4 de large, repréſentant les Pelerins d'Emmaüs.

60. Autre de 6 pieds de haut ſur 4 & demi, repréſentant Medée qui poignarde ſes Enfans, après avoir tué ſa Rivale, & embraſé le Palais de Jaſon.

61. Autre petit Tableau, repréſentant une Vierge.

62. Autre repréſentant Venus ſur les Eaux.

63. Autre de 4 pieds de haut ſur 3, repréſentant le Portrait de Mad.***, en Marmotte.

64. *bis*. Deux petites Bambochades; l'une repréſente un Port de Mer; l'autre, un Marché; ſous le même N°.

65. *bis*. Deux autres vûës, de différentes grandeurs; l'une, une Ferme; l'autre, une Fontaine; ſous le même N°.

66. Autre petit Tableau repréſentant Pan & Sirinx.

Par M. *Nattier*, Adjoint à Profeſſeur.

67. Le Portrait de M. Bonier de la Moſſon, dans ſon Cabinet.

68. Madame Desfourniel, repréſentée en Hebé.

69. M. de Beſeval, en Guerrier.

70. Madame ***, repréſentée en Flore.

70. *bis*. Madame***. repréſentée en Erato, Muſe de la Poëſie Lyrique.

70. *bis*. Le Portrait au Paſtel de M. Logerot.

Par M. *Chardin*, Conſeiller de l'Académie.

71. Un Tableau, répétition du *Benedicite* avec une addition, pour faire Pendant à un Teniers, placé dans le Cabinet de M.***.

72. Autre, Amuſemens de la vie privée.

73. Le Portrait de M. ***, ayant les mains dans ſon Manchon.

74. Le Portrait de M. Levret, de l'Académie Royale de Chirurgie.

Par M. *Tocqué*, Conſeiller.

75. Le Portrait de Madame Teriſſe, les mains dans ſon Manchon.

76. Le Portrait de M. Waſſerchlebe, tenant une Lettre.

77. Le Portrait de M. Baillon Horlogeur, Premier Valet de Chambre de la Reine.

78. Madame de *** à ſa Toilette, tenant une Boëte à Mouches.

Par M. *Aved*, Conſeiller.

79. Le Portrait de M. Crébillon, de l'Académie Françoiſe, dans ſon Cabinet, appuyé ſur un Fauteüil.

80. Le Portrait du R. P. Liniers, peint après ſa mort.

81. Celuy de Madame Poiſſon de la Chabeauſſiere, en habit de Bal.

82. Celuy de M. de Moetlien, Lieutenant de Grenadier des Gardes Françoiſes en habit d'Officier.

OUVRAGES

de Meſſieurs les Académiciens.

Par M. *Courtin*.

83. Un grand Tableau, repréſentant Pan & Sirinx.

83. *bis*. Un Tableau repréſentant un jeune Homme qui jouë de la Guitarre.

84. Autre, Herigone & Jupiter en Grape de Raiſin.

85. Autre. L'Enlevement de Dejanire par le Centaure Neſſus.

86. Un Crucifix.

87. Une Vierge.

Par M. *De La Joue*.

88. Un Tableau, repréſentant une Dame à ſa Toilette, dans un Appartement richement décoré.

89. Son Pendant. Une Gallerie d'où l'on voit des Jardins.

Ces deux premiers appartiennent à l'Auteur.

90. Autre, repréſentant une extrêmité de Jardin, avec une Caſcade; une Dame eſt aſſiſe ſur l'appui d'un Eſcalier, un jeune Homme eſt auprès d'elle.

91. Son Pendant repréfente un Salon d'eau, environné d'une Colonnade. Deux Medecins Grecs converfent enfemble. Ces deux derniers appartiennent à M. Baffuel, M^e. en Chirurgie, & Vice-Demonftrateur Royal; amy de l'Auteur.

Par M. *Des Lyen*.

92. Un grand Tableau repréfentant M. ***, en Robe.

93. Autre, de même grandeur, repréfentant M. l'Abbé ***.

94. Autre, repréfentant une Dame, en Hebé.

Par M. *Drouais*.

95. Cinq Portraits au Paftel, fous le même Numero.

96. Plufieurs Portraits en miniature, renfermez fous la même Glace, & fous le même Numero.

Par M. *Francifque Millet*.

97. Un Tableau de 5 pieds fur 6 de large, repréfentant un Payfage & des Figures, dont la principale eft Dellius, qui préfere la Campagne aux grandeurs de la Ville.

98. Autre, repréfentant un Soleil levant, orné de Figures & d'Animaux.

99. Autre, repréfentant un Couchant, auffi orné de Figures.

100. Autre de moyenne grandeur, orné fur le devant de Figures & des Animaux qui vont boire.

Par M. *Du Mons*.

101. Un Tableau, repréfentant un Fleuve.
102. Son Pendant, repréfente une Nayade.
103. Autre, repréfentant le Patriarche Loth.

Par M. *Boifot*.

104. Un Tableau en hauteur de 4 pieds fur 3, repréfentant l'Aurore.
105. Son Pendant, repréfente la Nuit.

Ces deux Tableaux doivent être executez en Tapifferie aux Gobelins & entourez d'ornemens.

Par M. *Huilliot*.

106. Un Tableau en hauteur de 10 pieds fur 6 de large, repréfentant des Inftrumens de Mufique, Deffeins, Globe, Sphere, &c.
107. Autre d'environ 5 pieds fur 4, repréfentant un Ufurier & deux Voleurs, qui épient le moment de le voler.
108. Autre. Une Corbeille remplie de Fruits, & un Cochon d'Inde qui mange des Raifins.
109. *bis*. Deux autres petits, repréfentans des Vafes remplis de Fleurs fous le même Numero.
110. Autre. Une Guirlande de Fleurs, qui forme une ovale, dans le milieu de laquelle eft un Bas relief, repréfentant la Peinture & la Sculpture.
111. Autre de même grandeur. Une vieille Hollandoife pefant fon or au Trebuchet.

Par M. *Poitreau*.

112. Un petit Payfage, repréfentant une vûë d'Avalon,

où l'on voit des Laveufes; à côté eft une Tannerie; fur le devant font des Bergers & une Bergere, qui gardent leurs troupeaux.

113. Le Portrait de M. Poitreau de Marcy, peint par M. fon frere.

Par M. *Chaftelain*.

114. *bis*. Deux petits Payfages en hauteur, fous le même Numero.

115. *bis*. Deux autres plus grands, auffi fous le même Numero.

Par M. *Vinache*.

116. Une Figure moulée en plâtre, de deux pieds de proportion, repréfentant fainte Therefe en acte d'adoration.

117. *bis*. Deux Efquiffes de terre cuite, dont l'une repréfente l'Aurore, & l'autre la Fidelité; pour être executez en marbre, de 6 pieds de proportion, pour le Roy, fous le même Numero.

Par M. *Nonnotte*.

118. Un grand Tableau, repréfentant Meffieurs *** pere & fils. Le fond de ce Tableau eft un Cabinet d'études.

Par M. *Frontier*.

119. Un Tableau en hauteur d'environ 6 pieds fur 3, repréfentant S. Aubin qui délivre les Captifs.

120. Autre de 6 pieds fur 4, repréfentant une Vierge & l'Enfant Jefus.

OUVRAGES AU BURIN
de Meſſieurs les Graveurs de l'Académie.

Par M. *Duchange*, Conſeiller.

Trois Sujets gravez d'après M. *Jeaurat*, repréſentans les trois grands Myſteres de notre ſainte Religion; ſous les ſymboles des trois Vertus Theologales; dédiez à Monſeigneur Charles-Gaſpard-Guillaume de Vintimille, des Comtes de Marſeille du Luc, Archevêque de Paris, &c.

Par M. *Lépicié*, Secrétaire & Hiſtoriographe de l'Académie.

2 Sujets gravez.

Le Jeu des Echecs. D'après *C. D. Moor*.
Le Jeu de Piquet. D'après *Gaſpard Nelſcher*.

Par M. *Cochin le pere*, Académicien.

Un Sujet gravé, repréſentant une Fête en l'honneur de Bacchus; d'après un Deſſein de l'invention de M. *de Niert*, Premier Valet de Chambre du Roy, & Gouverneur du Louvre; mort à Paris le 30. janvier 1744, âgé de 34 ans; dédié à M. de Bachaumont, amy de l'Auteur.

Par M. *Surugue le pere*.

Le Portrait gravé de Madame de Mouchy; D'après le Tableau au Paſtel de M. *Ch. Coypel*. 1746.

Par M. *Moyreau*.

2 Morceaux gravez.

Le Boufon des Chaſſeurs.

Les Bohemiens ; D'après *Wouvermens*.

Par M. *Le Bas*, Graveur du Cabinet du Roy.

Sept morceaux gravez d'après *Teniers* ; dediez par l'Auteur à differens Seigneurs, parmi lesquels sont,

Le Concert & Famille de Teniers.

Le Port de Mer.

La Tentation de S. Antoine.

Le Fluteur.

Le Chimiste, &c.

OUVRAGES
de Meſſieurs les Agréez de l'Académie.

Par M. *Adam, le cadet*.

Les Modéles en plâtre de deux Médaillons, executez de grandeur naturelle, au Portail que les Prêtres de l'Oratoire ont fait conſtruire, ruë S. Honoré.

121. Le premier repréſente la Nativité de JÉSUS-CHRIST ; un Berger vient l'adorer & luy offrir un Agneau : S. Joſeph eſt en admiration de voir les Cieux ouverts.

122. Le ſecond repréſente JÉSUS-CHRIST en prieres au Jardin des Oliviers, à l'inſtant de ſon agonie, & acceptant l'arrêt de ſa mort. Dans le lointain ſont repréſentez les Apôtres endormis.

123. Autre Modéle en plâtre, d'une Statuë repreſentant Iris Meſſager de Junon, aſſis ſur une nuë au haut de l'Arc-en-Ciel, qui attache ſes aîles, pour executer les ordres de la Déeſſe. Cette Figure doit être executée en marbre, pour le Roy.

Par M. *De la Tour.*

124. Quatre Portraits au Paſtel ſous le même Numero.

Par M. *Le Sueur.*

125. Le Portrait de M.***, repréſenté en Jardinier.
126. Autre, repréſentant un Joüeur de Vielle.

Par M. *Surugue, fils.*

Le Jeu d'Oye, gravé ſur le Tableau de même grandeur; peint par M. *Chardin.*

Par M. *Tardieu fils.*

Pluſieurs Sujets gravez.

Une Vignette repréſentant le Portrait du Roy. D'après un Jetton de M. *Du Vivier.*

Le Portail de l'Egliſe de S. Sulpice, pour la Deſcription de la Dédicace de cette Egliſe.

Le Portrait de feu Monſeigneur le Dauphin, Duc de Bourgogne. D'après M. *Rigaud.*

Le Portrait de feu M. l'Abbé de Rothelin. D'après M. *Coypel.*

3. Morceaux pour un Livre de Voyage, in-4°. repréfentans les differens ufages des Peuples d'Orient. D'après les Deffeins de M. *Cochin fils.*

Par M. *Falconnet.*

127. Une Figure en terre cuite, de deux pieds de proportion, repréfentant le Génie de la Sculpture.
128.

Par M. *Huttin.*

129. Une Figure en plâtre de deux pieds de proportion, repréfentant Carron.

Quatre Deffeins fous verre.

130. Le premier repréfente un Repos de la Vierge.
131. Le fecond, un Tombeau.
132. Le troifiéme, une Bacchanale.
133. Le quatriéme, une allegorie, repréfentant le Portrait du Roy dans le Temple de Memoire, couronné par la Gloire & orné par les Graces.

Par M. *Antoine Le Bel.*

Trois Tableaux :
134. Le premier, un Payfage.
135. Le fecond, un Rocher.
136. Le troifiéme, une Marine.

Par M. *Hallé.*

137. Un grand Tableau en hauteur, d'environ 10

pieds fur 6, repréfentant le Baptême de Jesus-Christ; deftiné pour la Chartreufe de Lyon.

138. Une Efquiffe d'une Fête de Bacchus.

139. Un Deffein au crayon noir & blanc, repréfentant une naiffance de Bacchus.

140. Une Efquiffe de Platfond, repréfentant les quatre Elémens.

Par M. *Vernet*, de Rome.

141. Quatre Tableaux repréfentans des Marines, de differentes vûës de Naples & d'Italie, fous le même Numero.

142. Un Tableau en largeur d'environ 10 pieds, repréfentant l'une des 4. Saifons. Ce Morceau a été peint fur plâtre dans une des Voûtes de Choify, par feu M. *Ant. Coypel*, à l'âge de 20 ans, & depuis Premier Peintre du Roy. Le dit Morceau a été enlevé & mis fur toile par le fieur Picaut, qui en a le fecret.

ADDITION.

143. Par M. *Duvivier*, Académicien.

1. Bufte Modelé, bas-relief, de la grandeur des Médailles, repréfentant le profil de la Tête du Roy, le front ceint d'une Couronne de Lauriers.

2. Autre Bufte du Roy, couvert de la cuiraffe & cou-

ronné de lauriers; gravé fur les Jettons qui ont été frappez pour l'Affemblée générale du Clergé en 1745 & fur les Jettons des Etats de Bourgogne & ceux de Bretagne. 1746.

Jetton du Canal de Briare. 1742.

3. La Seine & la Loire repréfentées par deux figures de Fleuves, appuyées fur leurs Urnes. Dans le milieu, fur un plan un peu plus élevé, eft une Nayade dont l'eau qui fort de fon Urne va joindre enfemble celles des deux Rivières, & forme le Canal, avec ces mots : CONCORDIA CRESCENT.

Revers : les Armes de la Compagnie du Canal.

Jetton des fabriquans de la Ville de Lyon. 1745.

4. Minerve affife avec fes attributs ordinaires, montrant du doigt les Ouvrages aufquels travaillent des Génies de cette fabrique, que l'on reconnoît aux deffeins qu'ils tracent, à l'action de jetter la Navette, & aux Uftenfiles dont ils font environnez, avec ces mots : ÆTERNVM DIGNA COLI.

Revers : les Armes de la Ville de Lyon.

Jettons de la Faculté de Médecine.

5. La Tête de M. Leaulté, Doyen en 1742.

6. La Tête de M. Col de Villars, Doyen en 1744.

Revers : l'Amphithéâtre Rotunde, nouvellement bâti, où fe tiennent les Ecoles de Médecine, & où font les démonftrations d'Anatomie; vû en face du Portail, avec ces mots : UT PROSIT ET ORNET.

7. La Tête de M. de l'Epine, Doyen, 1746.

Revers : Coupe & Vue intérieure du même Amphithéâtre ci-deffus avec ces mots : PULCHRIOR EXURGIT.

144. *bis.* Deffein des Jettons du Canal de Briare.

145. Taille douce :

Vignette mife à la tête de l'épitre dédicatoire de la Bible imprimée chez Valentin, à Rheims 1742, repréfentant les Armes de Monfeigneur le Duc d'Orléans; orné à droite des Attributs de la Religion; & à gauche, de ceux de fes qualitez.

Par M. *De Larmeffin*, Académicien.

Un Morceau gravé.
La Savoyarde; d'après M. Pierre.

Par M. *Perronneau*, Agréé de l'Académie.

5 Portraits, dont 3 au Paftel.

146. Celuy de M. le Marquis Daubail, en cuiraffe.
147. Celuy de M. Drouais, Peintre de l'Académie.
148. Celuy de M. Gilcain, Peintre.
149. Celuy du petit Demoyel, tenant une poule huppée.
150. Celuy d'un jeune écolier, frere de l'auteur, tenant un Livre.

Le tout rédigé & mis en ordre par les foins de J. B. REYDELLET, Receveur & Concierge de l'Académie.

Nogent-le-Rotrou, Imprimerie de A. Gouverneur.

CONDITIONS DE LA SOUSCRIPTION

A LA

RÉIMPRESSION DES ANCIENS LIVRETS

Chaque volume sera livré aux souscripteurs moyennant le prix :
De 1 fr. 25 sur papier vergé;
De 2 fr. 50 sur papier de Hollande;
De 3 fr. sur papier de Chine.
Les souscripteurs de Paris recevront les volumes à domicile. Ceux de province ou de l'étranger pourront se les faire envoyer en payant en surplus les frais de poste, s'ils ne préfèrent les faire réclamer aux bureaux de souscription.

On souscrit :

Chez : MM. LIEPMANNSSOHN ET DUFOUR, libraires, 11, rue des Saints-Pères.

NOTA : A partir du mois de Janvier la table générale des quarante-deux livrets réimprimés ne sera plus livrée gratuitement aux nouveaux souscripteurs.

On trouve à la même librairie,

LE DUC D'ANTIN ET LOUIS XIV, rapport sur l'administration des bâtiments annotés par le Roi, publiés avec une préface, par *J.-J. Guiffrey*.

Sous presse,

LES ARTISTES FRANÇAIS, NOTICES ET DOCUMENTS pour faire suite aux *Archives de l'art français*, publiés par MM. An. de Montaiglon et J.-J. Guiffrey. Un fort volume sur papier vergé tiré à petit nombre, titre en deux couleurs. Prix, 12 fr.

Nogent-le-Rotrou, imprimerie de A. Gouverneur.

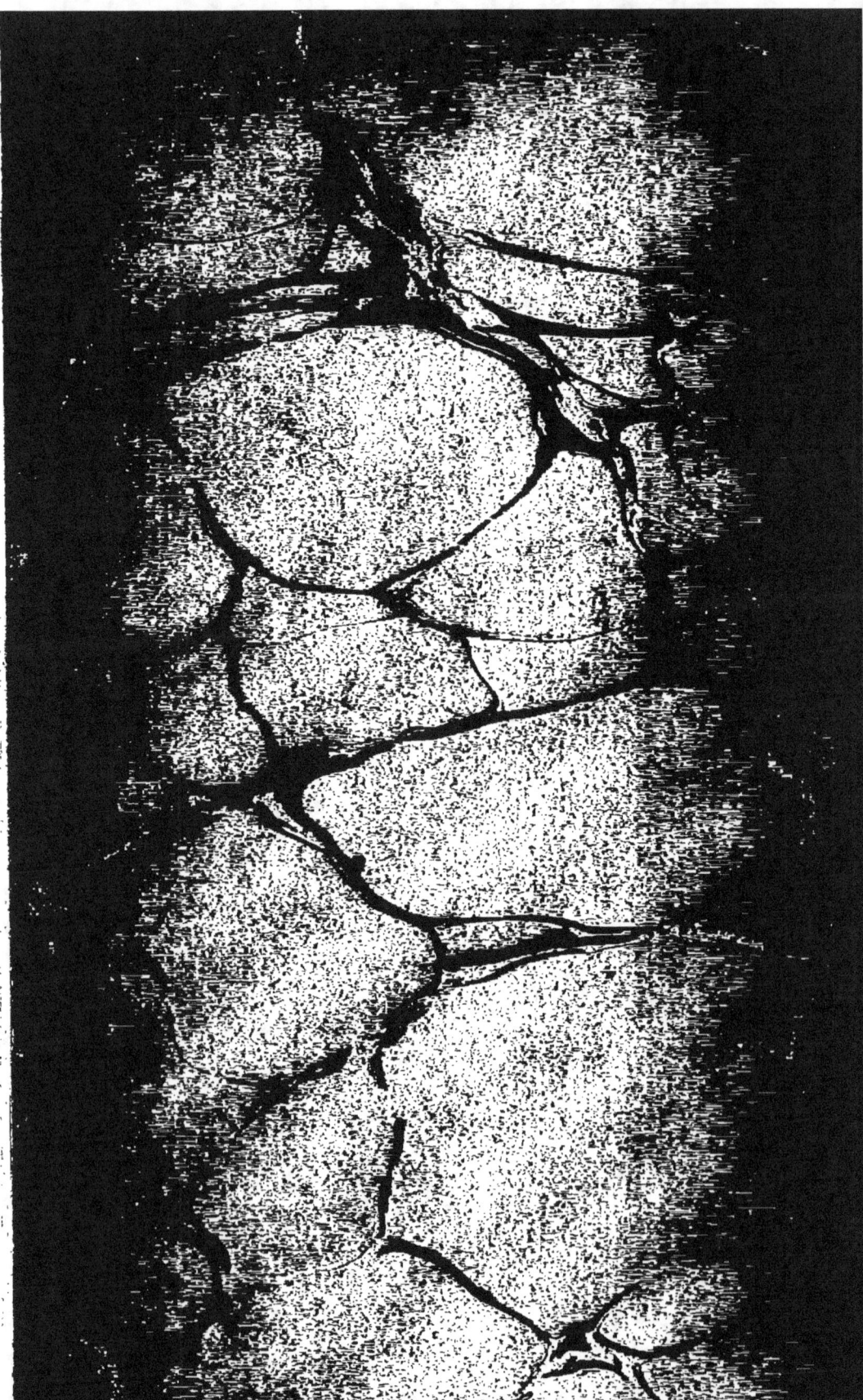

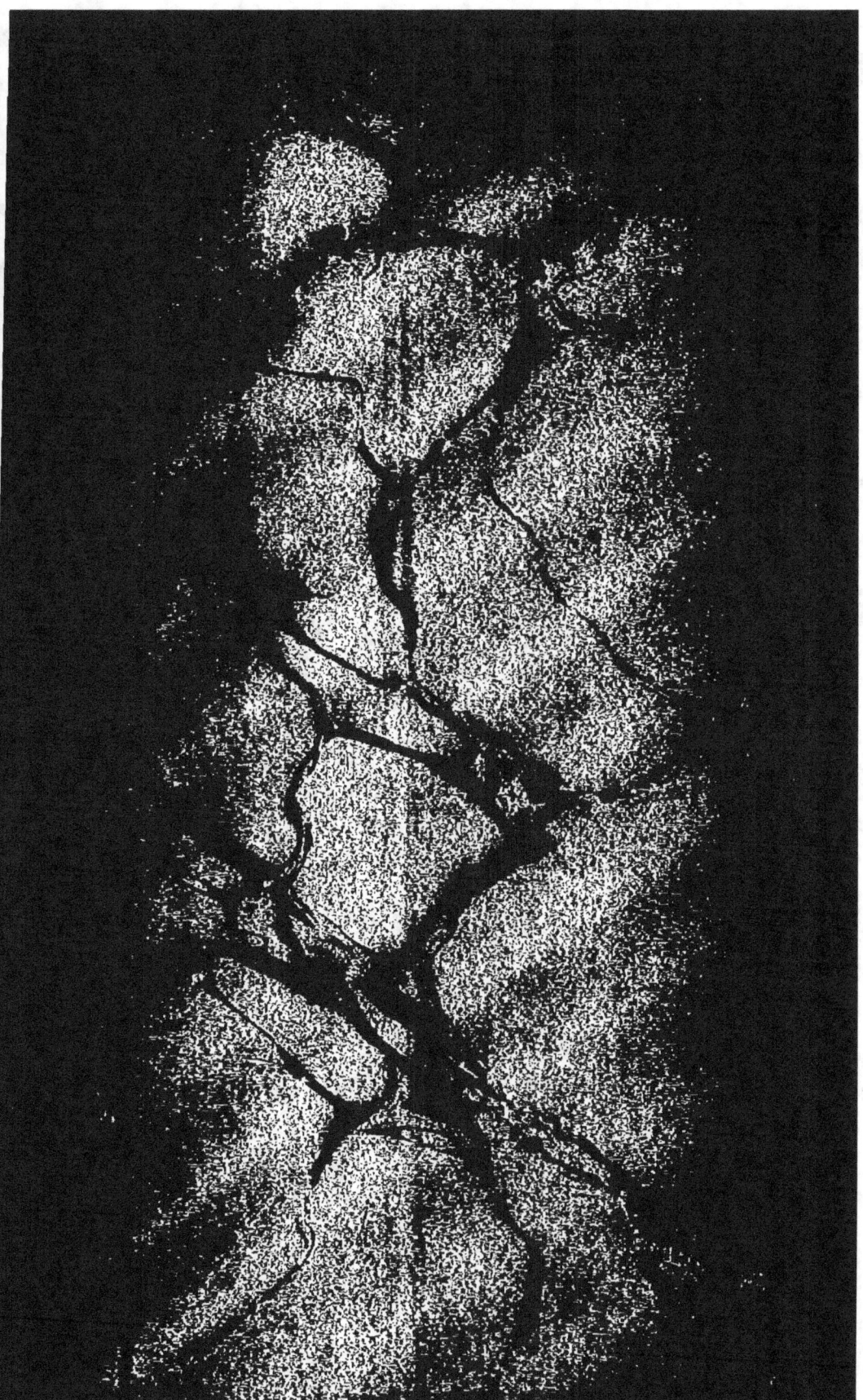